Impressum
Verlag: BABADADA GmbH, Nedderfeld 112 , 22529 Hamburg
Geschäftsführer / Verlagsleitung: Harald Hof
Druck: Books on Demand GmbH, In de Tarpen 42, 22848 Norderstedt

Imprint
Publisher: BABADADA GmbH, Nedderfeld 112 , 22529 Hamburg, Germany
Managing Director / Publishing direction: Harald Hof
Print: Books on Demand GmbH, In de Tarpen 42, 22848 Norderstedt, Germany

класна кімната
das Klassenzimmer

ділити
dividieren

186/2

дошка
die Tafel

шкільний двір
der Schulhof

вчитель
der Lehrer

папір
das Papier

писати
schreiben

ручка
der Stift

письмовий стіл
der Schreibtisch

лінійка
das Lineal

книга
das Buch

учень
die Schüler

ранець
die Schultasche

пенал
die Federmappe

олівець
der Bleistift

точило
der Bleistiftspitzer

гумка
der Radierer

альбом для малювання
der Zeichenblock

малюнок

die Zeichnung

пензель

der Pinsel

коробка фарб

der Malkasten

ножиці

die Schere

клей

der Klebstoff

зошит

das Übungsheft

домашнє завдання

die Hausübung

число

die Zahl

додавати

addieren

віднімати

subtrahieren

множити

multiplizieren

рахувати

rechnen

літера

der Buchstabe

абетка

das Alphabet

слово

das Wort

текст

der Text

читати

lesen

крейда

die Kreide

година

die Unterrichtsstunde

класний журнал

das Klassenbuch

екзамен

die Prüfung

диплом

das Zeugnis

шкільна форма

die Schuluniform

освіта

die Ausbildung

лексикон

das Lexikon

університет

die Universität

мікроскоп

das Mikroskop

карта

die Karte

кошик для паперу

der Papierkorb

готель
das Hotel

Grand

турбаза
die Jugendherberge

обмінний пункт
die Wechselstube

валіза
der Koffer

автомобіль
das Auto

мова

die Sprache

так / ні

ja / nein

добре

Okay

привіт

Hallo

перекладач

die Dolmetscherin

дякую

Danke

Скільки коштує ...?

Wie viel kostet ...?

Я не розумію

Ich verstehe nicht.

проблема

das Problem

Добрий вечір!

Guten Abend!

Доброго ранку!

Guten Morgen!

На добраніч!

Gute Nacht!

До побачення

Auf Wiederschaun!

напрямок

die Richtung

багаж

das Gepäck

сумка

die Tasche

рюкзак

der Rucksack

гість

der Gast

кімната

das Zimmer

спальний мішок

der Schlafsack

намет

das Zelt

подорож - die Reise

туристична інформація

die Touristeninformation

пляж

der Strand

кредитна картка

die Kreditkarte

сніданок

das Frühstück

обід

das Mittagessen

вечеря

das Abendessen

квиток

die Fahrkarte

ліфт

der Lift

поштова марка

die Briefmarke

межа

die Grenze

митниця

der Zoll

посольство

die Botschaft

віза

das Visum

паспорт

der Pass

літак
das Flugzeug

корабель
das Schiff

пожежна машина
das Feuerwehrauto

автобус
der Bus

вантажний автомобіль
der Lastwagen

моторний човен
das Motorboot

велосипед
das Fahrrad

автомобіль
das Auto

пором
die Fähre

човен
das Boot

мотоцикл
das Motorrad

поліцейська машина
das Polizeiauto

гоночний автомобіль
das Rennauto

автомобіль на прокат
der Mietwagen

спільне користування авто

das Carsharing

евакуатор

der Abschleppwagen

сміттєвоз

der Müllwagen

двигун

der Motor

паливо

der Kraftstoff

автозаправна станція

die Tankstelle

дорожній знак

das Verkehrsschild

рух

der Verkehr

затор

der Stau

стоянка

der Parkplatz

вокзал

der Bahnhof

рейки

die Schienen

потяг

der Zug

трамвай

die Straßenbahn

вагон

der Wagon

гелікоптер

der Hubschrauber

аеропорт

der Flughafen

вежа

der Tower

пасажир

der Passagier

контейнер

der Container

коробка

der Karton

візок

der Rollwagen

кошик

der Korb

стартувати / приземлятися

starten / landen

місто

die Stadt

село

das Dorf

центр міста

das Stadtzentrum

дім

das Haus

кіно
das Kino

реклама
die Werbung

вуличний ліхтар
die Straßenlaterne

вулиця
die Straße

таксі
das Taxi

пішохід
der Fußgänger

кіоск
der Kiosk

тротуар
der Gehsteig

пішохідний перехід
der Zebrastreifen

сміттєве відро
die Mülltonne

перехрестя
die Kreuzung

світлофор
die Ampel

хатина

die Hütte

квартира

die Wohnung

вокзал

der Bahnhof

ратуша

das Rathaus

музей

das Museum

школа

die Schule

університет

die Universität

банк

die Bank

лікарня

das Spital

готель

das Hotel

аптека

die Apotheke

офіс

das Büro

книжковий магазин

die Buchhandlung

магазин

das Geschäft

квітковий магазин

der Blumenladen

супермаркет

der Supermarkt

ринок

der Markt

універмаг

das Kaufhaus

торговець рибою

der Fischhändler

торговельний центр

das Einkaufszentrum

гавань

der Hafen

парк

der Park

лава

die Bank

міст

die Brücke

сходи

die Stiege

метро

die U-Bahn

тунель

der Tunnel

автобусна зупинка

die Bushaltestelle

бар

die Bar

ресторан

das Restaurant

поштова скринька

der Briefkasten

вулична табличка

das Straßenschild

лічильник паркування

die Parkuhr

зоопарк

der Zoo

басейн

die Badeanstalt

мечеть

die Moschee

ферма

der Bauernhof

забруднення навколишнього середовища

die Umweltverschmutzung

кладовище

der Friedhof

церква

die Kirche

дитячий майданчик

der Spielplatz

храм

der Tempel

ландшафт

die Landschaft

листок
das Blatt

вказівний стовп
der Wegweiser

шлях
der Weg

луг
die Wiese

камінь
der Stein

дерево
der Baum

мандрівник
der Wanderer

річка
der Fluss

трава
das Gras

квітка
die Blume

долина

das Tal

гора

der Hügel

озеро

der See

ліс

der Wald

пустеля

die Wüste

вулкан

der Vulkan

замок

das Schloss

веселка

der Regenbogen

гриб

der Pilz

пальма

die Palme

комар

der Moskito

муха

die Fliege

мурашка

die Ameise

бджола

die Biene

павук

die Spinne

жук

der Käfer

жаба

der Frosch

вивірка

das Eichhörnchen

їжак

der Igel

заєць

der Hase

сова

die Eule

птах

die Vogel

лебідь

der Schwan

кабан

das Wildschwein

олень

der Hirsch

лось

der Elch

гребля

der Staudamm

вітряк

das Windrad

сонячний модуль

das Solarmodul

клімат

das Klima

офіціант
der Kellner

меню
die Speisekarte

стілець
der Sessel

суп
die Suppe

піца
die Pizza

столові прилади
das Besteck

скатертина
die Tischdecke

закуска

die Vorspeise

друга страва

das Hauptgericht

десерт

die Nachspeise

напої

die Getränke

їжа

das Essen

пляшка

die Flasche

фаст-фуд

das Fastfood

вулична їжа

das Streetfood

чайник

die Teekanne

цукорниця

die Zuckerdose

порція

die Portion

еспресо-машина

die Espressomaschine

високий стільчик

der Kinderstuhl

рахунок

die Rechnung

піднос

das Tablett

ніж

das Messer

вилка

die Gabel

ложка

der Löffel

чайна ложка

der Teelöffel

серветка

die Serviette

склянка

das Glas

тарілка

der Teller

тарілка для супу

der Suppenteller

блюдце

die Untertasse

соус

die Sauce

солонка

der Salzstreuer

млин для перцю

die Pfeffermühle

оцет

der Essig

масло

das Öl

спеції

die Gewürze

кетчуп

das Ketchup

гірчиця

der Senf

майонез

die Mayonnaise

пропозиція
das Angebot

клієнт
der Kunde

молочні продукти
die Milchprodukte

фрукти
das Obst

візок для покупок
der Einkaufswagen

м'ясний магазин

die Schlachterei

пекарня

die Bäckerei

зважувати

wiegen

овочі

das Gemüse

м'ясо

das Fleisch

заморожені продукти

die Tiefkühlkost

ковбасна нарізка

der Aufschnitt

консерви

die Konserven

пральний порошок

das Waschmittel

солодощі

die Süßigkeiten

предмети домашнього побуту

die Haushaltsartikel

мийний засіб

das Reinigungsmittel

продавщиця

die Verkäuferin

каса

die Kassa

касир

die Kassiererin

список покупок

die Einkaufsliste

часи роботи

die Öffnungszeiten

гаманець

die Brieftasche

кредитна картка

die Kreditkarte

сумка

die Tasche

поліетиленовий пакет

die Plastiktüte

вода	сік	молоко
das Wasser	der Saft	die Milch

кола	вино	пиво
die Cola	der Wein	das Bier

алкоголь	какао	чай
der Alkohol	der Kakao	der Tee

кава	еспресо	капучіно
der Kaffee	der Espresso	der Cappuccino

банан

die Banane

яблуко

der Apfel

апельсин

die Orange

кавун

die Melone

лимон

die Zitrone

морква

die Karotte

часник

der Knoblauch

бамбук

der Bambus

цибуля

die Zwiebel

гриб

der Pilz

горішки

die Nüsse

локшина

die Nudeln

спагеті

die Spaghetti

рис

der Reis

салат

der Salat

картопля фрі

die Pommes frites

смажена картопля

die Bratkartoffeln

піца

die Pizza

гамбургер

der Hamburger

бутерброд

das Sandwich

шніцель

das Schnitzel

шинка

der Schinken

салямі

die Salami

ковбаса

die Wurst

курка

das Huhn

печеня

der Braten

риба

der Fisch

вівсяні пластівці

die Haferflocken

мюслі

das Müsli

кукурудзяні пластівці

die Cornflakes

борошно

das Mehl

круасан

das Croissant

булочка

die Semmel

хліб

das Brot

тостовий хліб

der Toast

печиво

die Kekse

масло

die Butter

сир

der Topfen

пиріг

der Kuchen

яйце

das Ei

яєчня

das Spiegelei

сир

der Käse

морозиво

die Eiscreme

цукор

der Zucker

мед

der Honig

мармелад

die Marmelade

нуга-крем

der Schokoladenaufstrich

карі

das Curry

сільський будинок
das Bauernhaus

комора
die Scheune

солом'яні тюки
der Strohballen

поле
das Feld

кінь
das Pferd

причіп
der Anhänger

лоша
das Fohlen

трактор
der Traktor

віслюк
der Esel

ягня
das Lamm

вівця
das Schaf

коза
die Ziege

корова
die Kuh

теля
das Kalb

свиня
das Schwein

порося
das Ferkel

бик
der Stier

гусак

die Gans

качка

die Ente

курча

das Küken

курка

das Huhn

півень

der Hahn

щур

die Ratte

кіт

die Katze

миша

die Maus

віл

der Ochse

собака

der Hund

собача будка

die Hundehütte

садовий шланг

der Gartenschlauch

лійка

die Gießkanne

коса

die Sense

плуг

der Pflug

серп

die Sichel

мотика

die Hacke

вила

die Mistgabel

сокира

die Axt

тачка

die Schubkarre

корито

der Trog

бідон молока

die Milchkanne

мішок

der Sack

паркан

der Zaun

хлів

der Stall

теплиця

das Treibhaus

ґрунт

der Boden

насіння

die Saat

добриво

der Dünger

комбайн

der Mähdrescher

ферма - der Bauernhof

пожинати

ernten

урожай

die Ernte

корінь ямсу

die Yamswurzel

пшениця

der Weizen

соя

das Soja

картопля

der Erdapfel

кукурудза

der Mais

ріпак

der Raps

плодове дерево

der Obstbaum

маніок

der Maniok

злаки

das Getreide

ферма - der Bauernhof

димохід
der Schornstein

дах
das Dach

водостічний лоток
die Regenrinne

вікно
das Fenster

гараж
die Garage

дзвінок
die Klingel

двері
die Tür

відро для сміття
der Abfallkübel

поштова скринька
der Briefkasten

сад
der Garten

вітальня
....
das Wohnzimmer

ванна кімната
....
das Badezimmer

кухня
....
die Küche

спальня
....
das Schlafzimmer

дитяча кімната
....
das Kinderzimmer

їдальня
....
das Esszimmer

підлога
der Boden

стіна
die Wand

стеля
die Decke

підвал
der Keller

сауна
die Sauna

балкон
der Balkon

тераса
die Terrasse

басейн
das Schwimmbad

косарка
der Rasenmäher

простирало
der Bettbezug

ковдра
die Bettdecke

ліжко
das Bett

мітла
der Besen

відро
der Kübel

перемикач
der Schalter

шпалери
die Tapete

малюнок
das Bild

лампа
die Lampe

поличка
das Regal

шафа
der Schrank

камін
der Kamin

телевізор
der Fernseher

квітка
die Blume

подушка
der Polster

диван
das Sofa

ваза
die Vase

пульт
die Fernbedienung

килим
der Teppich

завіса
der Vorhang

стіл
der Tisch

стілець
der Sessel

крісло-гойдалка
der Schaukelstuhl

крісло
der Sessel

книга

das Buch

ковдра

die Decke

прикраса

die Dekoration

дрова

das Feuerholz

фільм

der Film

стереосистема

die Stereoanlage

ключ

der Schlüssel

газета

die Zeitung

картина

das Gemälde

плакат

das Poster

радіо

das Radio

блокнот

der Notizblock

пилосос

der Staubsauger

кактус

der Kaktus

свічка

die Kerze

холодильник
der Kühlschrank

мікрохвильова піч
die Mikrowelle

кухонні ваги
die Küchenwaage

тостер
der Toaster

мийний засіб
das Reinigungsmittel

піч
der Backofen

морозильне відділення
das Gefrierfach

відро для сміття
der Abfallkübel

посудомийна машина
der Geschirrspüler

плита

der Herd

горщик

der Topf

чавунний горщик

der Eisentopf

вок / кадай

der Wok / Kadai

сковорода

die Pfanne

чайник

der Wasserkocher

пароварка

der Dampfgarer

лист

das Backblech

посуд

das Geschirr

кухоль

der Becher

чаша

die Schale

палички для їжі

die Essstäbchen

черпак

der Schöpflöffel

лопатка

der Pfannenwender

вінчик для збивання

der Schneebesen

сито

das Kochsieb

сито

das Sieb

терка

die Reibe

ступка

der Mörser

барбекю

der Grill

багаття

das Kaminfeuer

дошка

das Schneidebrett

качалка

das Nudelholz

штопор

der Korkenzieher

конзерва

die Dose

відкривачка

der Dosenöffner

прихватки

der Topflappen

раковина

das Waschbecken

щітка

die Bürste

губка

der Schwamm

міксер

der Mixer

морозильна камера

die Gefriertruhe

дитяча пляшка

die Babyflasche

кран

der Wasserhahn

опалення
die Heizung

душ
die Dusche

рушник
das Handtuch

душова завіса
der Duschvorhang

пініста ванна
das Schaumbad

ванна
die Badewanne

склянка
das Glas

пральна машина
die Waschmaschine

кран
der Wasserhahn

плитка
die Fliesen

горшок
der Nachttopf

раковина
das Waschbecken

туалет
das Klo

підлоговий туалет
die Hocktoilette

біде
das Bidet

пісуар
das Pissoir

туалетний папір
das Klopapier

щітка для туалету
die Klobürste

зубна щітка

die Zahnbürste

зубна паста

die Zahnpasta

нитка для чищення зубів

die Zahnseide

мити

waschen

ручний душ

die Handbrause

інтимний душ

die Intimdusche

таз

die Waschschüssel

щітка для спини

die Rückenbürste

мило

die Seife

гель для душу

das Duschgel

шампунь

das Shampoo

мочалка

der Waschlappen

водостік

der Abfluss

крем

die Creme

дезодорант

das Deodorant

дзеркало

der Spiegel

косметичне дзеркало

der Kosmetikspiegel

бритва

der Rasierer

піна для гоління

der Rasierschaum

лосьйон після гоління

das Rasierwasser

гребінь

der Kamm

щітка

die Bürste

фен

der Föhn

лак для волосся

das Haarspray

косметика

das Makeup

губна помада

der Lippenstift

лак для нігтів

der Nagellack

вата

die Watte

ножиці для нігтів

die Nagelschere

парфум

das Parfum

косметичка

der Kulturbeutel

табурет

der Hocker

ваги

die Waage

халат

der Bademantel

гумові рукавички

die Gummihandschuhe

тампон

das Tampon

гігієнічні прокладки

die Damenbinde

біотуалет

die Chemietoilette

будильник
der Wecker

м'яка іграшка
das Kuscheltier

іграшковий автомобіль
das Spielzeugauto

брязкальце
die Rassel

ляльковий будиночок
das Puppenhaus

подарунок
das Geschenk

повітряна кулька
der Ballon

ліжко
das Bett

дитячий візок
der Kinderwagen

картярська гра
das Kartenspiel

пазл
das Puzzle

комікс
der Comic

лего цеглинки

die Legosteine

блоки

die Bausteine

іграшкова фігурка

die Actionfigur

повзунки

der Strampelanzug

фризбі

das Frisbee

мобіле

das Mobile

настільна гра

das Brettspiel

кубик

der Würfel

модель залізнична станція

die Modelleisenbahn

соска

der Schnuller

вечірка

die Party

книжка з картинками

das Bilderbuch

м'яч

der Ball

лялька

die Puppe

грати

spielen

пісочниця

der Sandkasten

гойдалка

die Schaukel

іграшка

das Spielzeug

гральна консоль

die Spielkonsole

триколісний велосипед

das Dreirad

плюшевий мішка

der Teddy

шафа

der Kleiderschrank

одяг

die Kleidung

шкарпетки

die Socken

панчохи

die Strümpfe

колготки

die Strumpfhose

шарф
der Schal

парасоля
der Regenschirm

футболка
das T-Shirt

ремінь
der Gürtel

кросівки
die Turnschuhe

чоботи
die Stiefel

домашнє взуття
die Hausschuhe

сандалі
die Sandalen

взуття
die Schuhe

гумові чоботи
die Gummistiefel

труси
die Unterhose

бюстгальтер
der Büstenhalter

нижня сорочка
das Unterhemd

боді
der Body

штани
die Hose

джинси
die Jeans

спідниця
der Rock

блузка
die Bluse

сорочка
das Hemd

пуловер
der Pullover

светр
der Kapuzenpullover

піджак
der Blazer

куртка
die Jacke

пальто
der Mantel

дощовик
der Regenmantel

костюм
das Kostüm

сукня
das Kleid

весільна сукня
das Hochzeitskleid

костюм

der Anzug

нічна сорочка

das Nachthemd

піжама

der Pyjama

сарі

der Sari

головна хустка

das Kopftuch

чалма

der Turban

бурка

die Burka

кафтан

der Kaftan

абая

die Abaya

купальник

der Badeanzug

плавки

die Badehose

шорти

die kurze Hose

тренувальний костюм

der Jogginganzug

фартух

die Schürze

рукавички

die Handschuhe

одяг - die Kleidung

гудзик

der Knopf

окуляри

die Brille

браслет

das Armband

ланцюг

die Halskette

кільце

der Ring

сережка

der Ohrring

шапка

die Mütze

плічка

der Kleiderbügel

капелюх

der Hut

краватка

die Krawatte

застібка-блискавка

der Reißverschluss

шолом

der Helm

підтяжки

der Hosenträger

шкільна форма

die Schuluniform

уніформа

die Uniform

нагрудник

das Lätzchen

соска

der Schnuller

підгузок

die Windel

офіс
das Büro

сервер
der Server

шаф для документів
der Aktenschrank

принтер
der Drucker

монітор
der Monitor

папір
das Papier

письмовий стіл
der Schreibtisch

миша
die Maus

папка
der Ordner

синтезатор
die Tastatur

кошик для паперу
der Papierkorb

комп'ютер
der Computer

стілець
der Sessel

кавовий кухоль

der Kaffeebecher

калькулятор

der Taschenrechner

інтернет

das Internet

ноутбук

der Laptop

лист

der Brief

повідомлення

die Nachricht

мобільний телефон

das Handy

мережа

das Netzwerk

копіювальний пристрій

der Kopierer

програмне забезпечення

die Software

телефон

das Telefon

розетка

die Steckdose

факс

das Fax

бланк

das Formular

документ

das Dokument

купувати

kaufen

платити

bezahlen

торгувати

handeln

гроші

das Geld

долар

der Dollar

євро

der Euro

ієна

der Yen

рубль

der Rubel

франк

der Franken

юанів женьміньбі

der Renminbi Yuan

рупія

die Rupie

банкомат

der Bankomat

обмінний пункт
die Wechselstube

золото
das Gold

срібло
das Silber

нафта
das Öl

енергія
die Energie

ціна
der Preis

контракт
der Vertrag

податок
die Steuer

акція
die Aktie

працювати
arbeiten

працівник
der Angestellte

роботодавець
der Arbeitgeber

фабрика
die Fabrik

магазин
das Geschäft

поліцейський
der Polizist

пожежник
der Feuerwehrmann

повар
der Koch

лікар
die Ärztin

пілот
der Pilot

садівник

der Gärtner

столяр

der Tischler

швачка

die Schneiderin

суддя

der Richter

хімік

die Chemikerin

актор

der Schauspieler

водій автобуса

der Busfahrer

таксист

der Taxifahrer

рибалка

der Fischer

прибиральниця

die Putzfrau

покрівельник

der Dachdecker

офіціант

der Kellner

мисливець

der Jäger

художник

der Maler

пекар

der Bäcker

електрик

der Elektriker

будівельник

der Bauarbeiter

інженер

der Ingenieur

забійник

der Schlachter

бляхар

der Installateur

листоноша

die Briefträgerin

солдат

der Soldat

архітектор

der Architekt

касир

die Kassiererin

флорист

die Blumenhändlerin

перукар

der Friseur

кондуктор

der Schaffner

механік

der Mechaniker

капітан

der Kapitän

дантист

die Zahnärztin

вчений

der Wissenschaftler

рабин

der Rabbi

імам

der Imam

монах

der Mönch

пастор

der Pfarrer

молоток
der Hammer

щипці
die Zange

викрутка
der Schraubenzieher

гайковий ключ
der Schraubenschlüssel

кишеньковий л
die Taschenlam

екскаватор
der Bagger

ящик для інструментів
der Werkzeugkasten

драбина
die Leiter

пилка
die Säge

цвяхи
die Nägel

свердло
der Bohrer

ремонтувати

reparieren

лопата

die Schaufel

лайно!

Scheiße!

совок

die Kehrschaufel

відро з фарбою

der Farbtopf

гвинти

die Schrauben

музичні інструменти
die Musikinstrumente

динамік
der Lautsprecher

ударна установка
das Schlagzeug

гітара
die Gitarre

контрабас
der Kontrabass

труба
die Trompete

фортепіано

das Klavier

скрипка

die Violine

бас

der Bass

литаври

die Pauke

барабан

die Trommeln

клавіатура

die Tastatur

саксофон

das Saxophon

флейта

die Flöte

мікрофон

das Mikrofon

вхід
der Eingang

тигр
der Tiger

клітка
der Käfig

зебра
das Zebra

корм
das Tierfutter

панда
der Panda

тварини
die Tiere

слон
der Elefant

кенгуру
das Känguru

носоріг
das Nashorn

горила
der Gorilla

ведмідь
der Bär

верблюд

das Kamel

страус

der Strauß

лев

der Löwe

мавпа

der Affe

фламінго

der Flamingo

папуга

der Papagei

білий ведмідь

der Eisbär

пінгвін

der Pinguin

акула

der Hai

павич

der Pfau

змія

die Schlange

крокодил

das Krokodil

працівник зоопарку

der Zoowärter

тюлень

die Robbe

ягуар

der Jaguar

зоопарк - der Zoo

поні
....
das Pony

леопард
....
der Leopard

гіпопотам
....
das Nilpferd

жираф
....
die Giraffe

орел
....
der Adler

кабан
....
das Wildschwein

риба
....
der Fisch

черепаха
....
die Schildkröte

морж
....
das Walross

лисиця
....
der Fuchs

газель
....
die Gazelle

зоопарк - der Zoo

американський футбол
das American Football

їзда на велосипеді
das Radfahren

теніс
das Tennis

баскетбол
der Basketball

плавання
das Schwimmen

бокс
das Boxen

хокей
das Eishockey

футбол
der Fußball

бадмінтон
das Badminton

легка атлетика
die Leichtathletik

гандбол
der Handball

лижні перегони
das Skifahren

поло
das Polo

сміятися
lachen

стрибати
springen

обіймати
umarmen

йти
gehen

співати
singen

мріяти
träumen

молитися
beten

цілувати
küssen

писати

schreiben

малювати

zeichnen

показувати

zeigen

тиснути

drücken

давати

geben

брати

nehmen

мати

haben

робити

machen

бути

sein

стояти

stehen

бігати

laufen

тягнути

ziehen

кидати

werfen

падати

fallen

лежати

liegen

очікувати

warten

носити

tragen

сидіти

sitzen

одягати

anziehen

спати

schlafen

просипатися

aufwachen

дивитися

ansehen

плакати

weinen

гладити

streicheln

розчісувати

frisieren

розмовляти

reden

розуміти

verstehen

питати

fragen

слухати

hören

пити

trinken

їсти

essen

прибирати

zusammenräumen

любити

lieben

варити

kochen

їхати

fahren

літати

fliegen

дії - die Aktivitäten

йти під вітрилом

segeln

рахувати

rechnen

читати

lesen

вчитися

lernen

працювати

arbeiten

одружуватися

heiraten

шити

nähen

чистити зуби

Zähne putzen

убивати

töten

курити

rauchen

посилати

senden

буся
Großmutter

дідуся
der Großvater

батько
der Vater

мати
die Mutter

немовля
das Baby

донька
die Tochter

син
der Sohn

гість
der Gast

тітка
die Tante

дядько
der Onkel

брат
der Bruder

сестра
die Schwester

чоло
die Stirn

око
das Auge

плече
die Schulter

палець
der Finger

обличчя
das Gesicht

підборіддя
das Kinn

кисть
die Hand

груди
die Brust

нога
das Bein

рука
der Arm

немовля
das Baby

чоловік
der Mann

жінка
die Frau

дівчина
das Mädchen

хлопчик
der Junge

голова
der Kopf

спина

der Rücken

живіт

der Bauch

пуп

der Nabel

палець ноги

der Zeh

п'ята

die Ferse

кістка

der Knochen

стегно

die Hüfte

коліно

das Knie

лікоть

der Ellbogen

ніс

die Nase

сідниці

das Gesäß

шкіра

die Haut

щока

die Wange

вухо

das Ohr

губа

die Lippe

рот
der Mund

зуб
der Zahn

язик
die Zunge

мозок
das Gehirn

серце
das Herz

м'яз
der Muskel

легені
die Lunge

печінка
die Leber

шлунок
der Magen

нирки
die Nieren

статевий акт
der Geschlechtsverkehr

презерватив
das Kondom

яйцеклітина
die Eizelle

сперма
das Sperma

вагітність
die Schwangerschaft

менструація

die Menstruation

вагіна

die Vagina

пеніс

der Penis

брова

die Augenbraue

волосся

das Haar

шия

der Hals

лікарня
das Spital

машина швидкої допомоги
die Rettung

інвалідний візок
der Rollstuhl

перелом
der Bruch

лікар
die Ärztin

відділення швидкої
медичної допомоги
die Notaufnahme

медсестра
die Krankenschwester

аварійний випадок
der Notfall

непритомний
ohnmächtig

біль
der Schmerz

травма

die Verletzung

кровотеча

die Blutung

інфаркт

der Herzinfarkt

інсульт

der Schlaganfall

алергія

die Allergie

кашель

der Husten

лихоманка

das Fieber

грип

die Grippe

пронос

der Durchfall

головна біль

die Kopfschmerzen

рак

der Krebs

діабет

die Diabetes

хірург

der Chirurg

скальпель

das Skalpell

операція

die Operation

КТ

das CT

рентген

das Röntgen

ультразвук

der Ultraschall

маска

die Maske

хвороба

die Krankheit

зал очікування

das Wartezimmer

милиця

die Krücke

пластир

das Pflaster

пов'язка

der Verband

ін'єкція

die Injektion

стетоскоп

das Stethoskop

ноші

die Trage

термометр

das Thermometer

народження

die Geburt

надмірна вага

das Übergewicht

слуховий апарат

das Hörgerät

дезінфікуючий засіб

das Desinfektionsmittel

інфекція

die Infektion

вірус

das Virus

ВІЛ / СНІД

das HIV / AIDS

медицина

die Medizin

вакцинація

die Impfung

таблетки

die Tabletten

протизаплідна пігулка

die Pille

екстрений виклик

der Notruf

тонометр

der Blutdruckmesser

хворий / здоровий

krank / gesund

Допоможіть!

Hilfe!

сигнал тривоги

der Alarm

напад

der Überfall

атака

der Angriff

небезпека

die Gefahr

аварійний вихід

der Notausgang

Вогонь!

Feuer!

вогнегасник

der Feuerlöscher

аварія

der Unfall

аптечка

der Erste-Hilfe-Koffer

СОС

SOS

поліція

die Polizei

Європа

das Europa

Північна Америка

das Nordamerika

Південна Америка

das Südamerika

Африка

das Afrika

Азія

das Asien

Австралія

das Australien

Атлантика

der Atlantik

Тихий океан

der Pazifik

Індійський океан

der Indische Ozean

Антарктичний океан

der Antarktische Ozean

Північний Льодовитий океан

der Arktische Ozean

Північний полюс

der Nordpol

Південний полюс

der Südpol

Антарктика

die Antarktis

Земля

die Erde

суша

das Land

море

das Meer

острів

die Insel

нація

die Nation

держава

der Staat

циферблат

das Ziffernblatt

годинникова стрілка

der Stundenzeiger

хвилинна стрілка

der Minutenzeiger

секундна стрілка

der Sekundenzeiger

Котра година?

Wie spät ist es?

день

der Tag

час

die Zeit

зараз

jetzt

цифровий годинник

die Digitaluhr

хвилина

die Minute

година

die Stunde

тиждень
die Woche

Понеділок
der Montag

Середа
der Mittwoch

П'ятниця
der Freitag

Субота
der Samstag

Вівторок
der Dienstag

Четвер
der Donnerstag

Неділя
der Sonntag

вчора

gestern

сьогодні

heute

завтра

morgen

ранок

der Morgen

опівдні

der Mittag

вечір

der Abend

робочі дні

die Arbeitstage

кінець робочого тижня

das Wochenende

дощ
der Regen

веселка
der Regenbogen

сніг
der Schnee

вітер
der Wind

весна
der Frühling

осінь
der Herbst

літо
der Sommer

зима
der Winter

4.APRIL	11°	☀
5.APRIL	4°	🌦
6.APRIL	13°	⛆
7.APRIL	8°	☀
8.APRIL	10°	☀

прогноз погоди

die Wettervorhersage

термометр

das Thermometer

сонячне світло

der Sonnenschein

хмара

die Wolke

туман

der Nebel

вологість повітря

die Luftfeuchtigkeit

блискавка

der Blitz

грім

der Donner

шторм

der Sturm

град

der Hagel

мусон

der Monsun

повінь

die Flut

лід

das Eis

Січень

der Jänner

Лютий

der Februar

Березень

der März

Квітень

der April

Травень

der Mai

Червень

der Juni

Липень

der Juli

Серпень

der August

Вересень

der September

Жовтень

der Oktober

Листопад

der November

Грудень

der Dezember

форми
die Formen

круг

der Kreis

квадрат

das Quadrat

прямокутник

das Rechteck

трикутник

das Dreieck

куля

die Kugel

куб

der Würfel

білий

weiß

жовтий

gelb

помаранчевий

orange

рожевий

pink

червоний

rot

фіолетовий

lila

синій

blau

зелений

grün

коричневий

braun

сірий

grau

чорний

schwarz

багато / мало

viel / wenig

лютий / мирний

wütend / friedlich

гарний / бридкий

hübsch / hässlich

початок / кінець

der Anfang / das Ende

великий / малий

groß / klein

світлий / темний

hell / dunkel

брат / сестра

der Bruder / die Schwester

чистий / брудний

sauber / schmutzig

завершений /
незавершений
vollständig / unvollständig

день / ніч

der Tag / die Nacht

мертвий / живий

tot / lebendig

широкий / вузький

breit / schmal

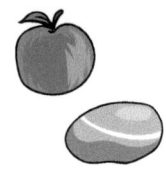

їстівний / неїстівний

genießbar / ungenießbar

злий / дружній

böse / freundlich

збуджений / нудьгуючий

aufgeregt / gelangweilt

товстий / тонкий

dick / dünn

спочатку / востаннє

zuerst / zuletzt

друг / ворог

der Freund / der Feind

повний / порожній

voll / leer

жорсткий / м'який

hart / weich

важкий / легкий

schwer / leicht

голод / спрага

der Hunger / der Durst

хворий / здоровий

krank / gesund

незаконний / законний

illegal / legal

розумний / дурний

gescheit / dumm

вліво / вправо

links / rechts

поруч / далеко

nah / fern

новий / використаний

neu / gebraucht

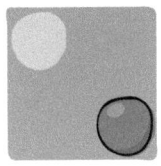

нічого / щось

nichts / etwas

старий / молодий

alt / jung

вкл / викл

an / aus

відкрито / закрито

offen / geschlossen

тихо / гучно

leise / laut

багатий / бідний

reich / arm

правильно / неправильно

richtig / falsch

шорсткий / гладкий

rau / glatt

сумний / щасливий

traurig / glücklich

короткий / довгий

kurz / lang

повільно / швидко

langsam / schnell

вологий / сухий

nass / trocken

гарячий / холодний

warm / kühl

війна / мир

der Krieg / der Frieden

протилежності - die Gegenteile

0

нуль

null

1

один

eins

2

два

zwei

3

три

drei

4

чотири

vier

5

п'ять

fünf

6

шість

sechs

7

сім

sieben

8

вісім

acht

9

дев'ять

neun

10

десять

zehn

11

одинадцять

elf

12

дванадцять

zwölf

13

тринадцять

dreizehn

14

чотирнадцять

vierzehn

15

п'ятнадцять

fünfzehn

16

шістнадцять

sechzehn

17

сімнадцять

siebzehn

18

вісімнадцять

achtzehn

19

дев'ятнадцять

neunzehn

20

двадцять

zwanzig

100

сто

hundert

1.000

тисяча

tausend

1.000.000

мільйон

Million

числа - die Zahlen

англійська

Englisch

американська англійська

Amerikanisches Englisch

китайська
високочиновницька

Chinesisch (Mandarin)

хінді

Hindi

іспанська

Spanisch

французька

Französisch

арабська

Arabisch

російська

Russisch

португальська

Portugiesisch

бенгальська

Bengalisch

німецька

Deutsch

японська

Japanisch

я

ich

ти

du

він / вона / воно

er / sie / es

ми

wir

ви

ihr

вони

sie

хто?

Wer?

що?

Was?

як?

Wie?

де?

Wo?

коли?

Wann?

HELLO, I AM

ім'я

Name

ззаду

hinter

в

in

перед

vor

над

über

на

auf

під

unter

біля

neben

між

zwischen

місце

der Ort